AF285424

K a n f a n a r
in prähistorischer Zeit

Hans-Dieter Kaspar, Elke Kaspar
und Anton Meden

Bibliografische Information Der Deutsche Bibliothek

Die Deutsche Bibliothek verzeichnet diese Publi-
kation in der Deutschen Nationalbibliothek; detail-
lierte bibliografische Daten sind im Internet über
http://dnb.ddb.de abrufbar

Herstellung und Verlag:
Books on Demand GmbH, Norderstedt
ISBN 978-3-8391-6689-5
Alle Rechte vorbehalten

Abbildungen: Umschlagvorderseite: Maklavun

Inhaltsverzeichnis

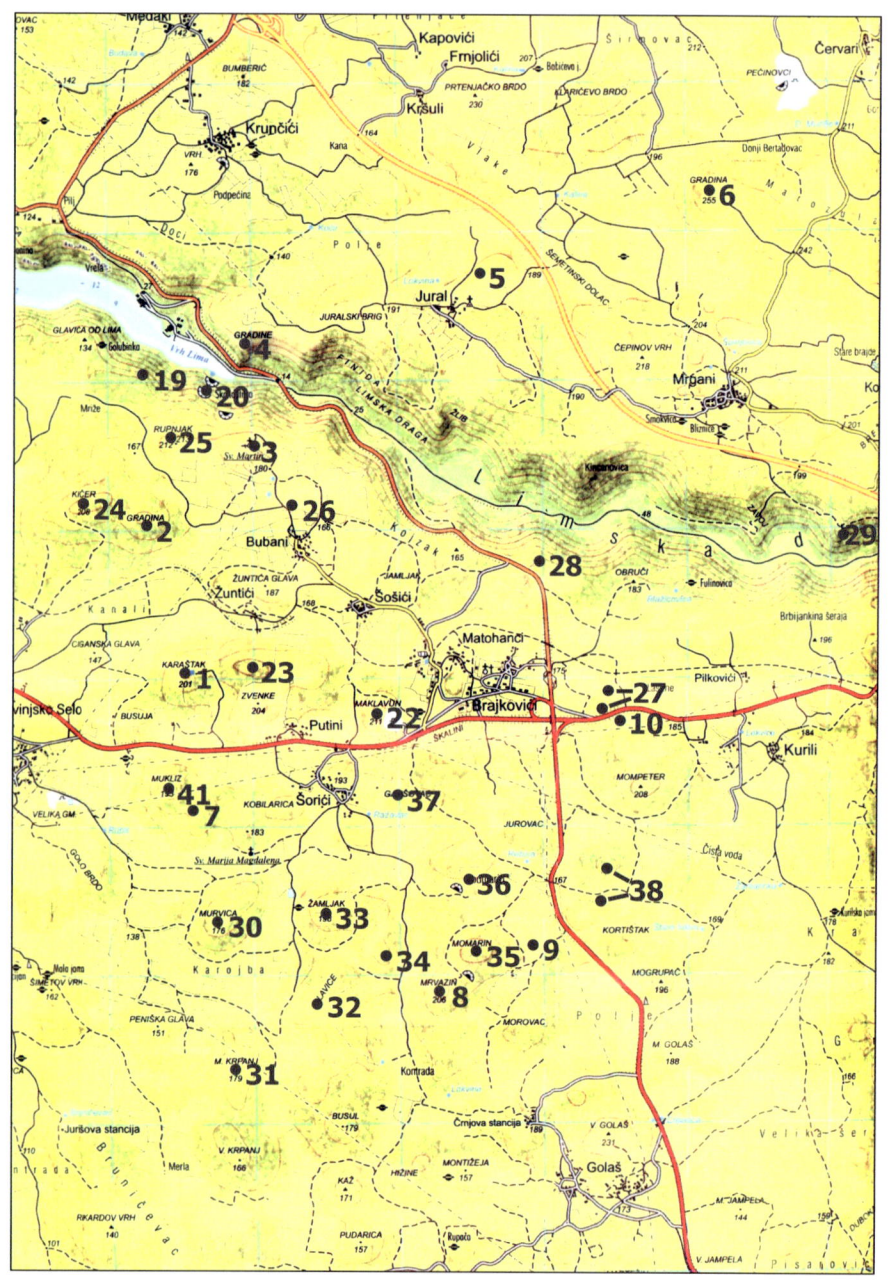

4

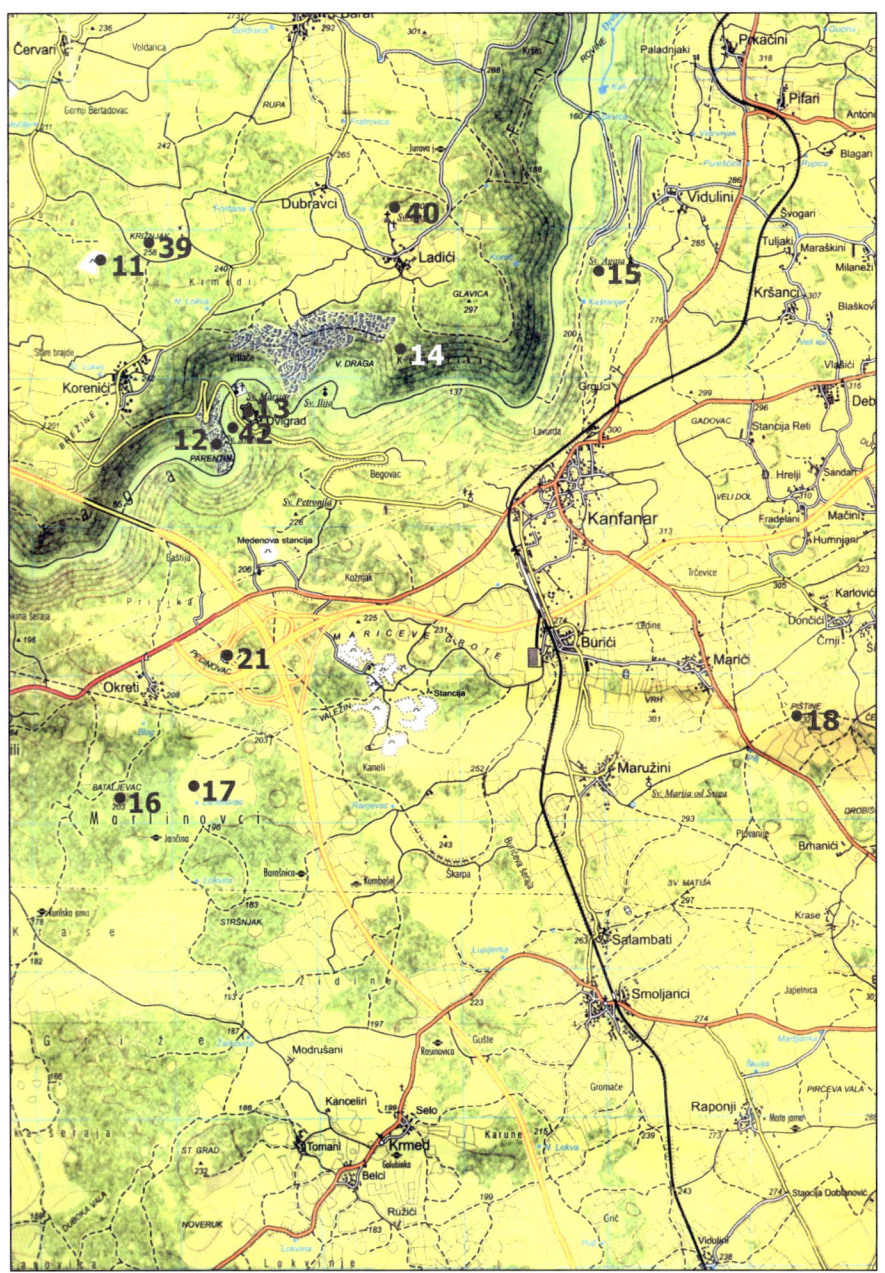

Kastelliere /Freilandsiedlungen

1 Karaštak
2 Gradina bei Bubani
3 Sv. Martin
4 Lim Gradina
5 Freilandsiedlung bei Jural
6 Gradina Marozula
7 Siedlungsplatz östlich vom Mukliz
8 Mrvasin
9 Glavica
10 Freilandsiedlung unterhalb
   vom Mompeter
11 Krmed
12 Parentin
13 Dvigrad
14 Zad Glavice
15 Sv. Agata
16 Bataljevac
17 Zanetovac
18 Pištine

Höhlen

19 Höhle über der Lim-Bucht
20 Romuald Grotte
21 Pećinovac Grotte

Tumuli /Nekropolen

22 Maklavun
23 Žvenke
24 Kičer
25 Rupnjak
26 Bubani
27 Tumuli östlich von
   Brajkovići
28 Nekropole über dem
   Lim-Tal
29 Tumulus über dem
   Lim-Tal
30 Muvica
31 Mali Krapanj
32 Glavice
33 Žamnjak
34 Mali Žamnjak
35 Monmarin
36 Marin
37 Gušovac
38 Mamu
39 Križnjak
40 Sv. Sikst

Sonstige Fundplätze

41 Mukliz
42 Fundplatz zwischen
   Parentin und Dvigrad

Vorwort

Im Oktober 2002 haben wir uns das erste mal getroffen, um gemeinsam Kastelliere im Gebiet von Kanfanar aufzusuchen. Diese Exkursion weckte unser Interesse, weiter nach Spuren der vorgeschichtlichen Bewohner Ausschau zu halten.

Wir hatten das Glück, bei unseren Wanderungen auf bisher noch nicht bekannte Bergfestungen, aber auch auf Freilandsiedlungen, auf Tumuli und Nekropolen zu stoßen. Diese neuen Geländedenkmäler stellen wir zusammen mit den bereits bekannten Fundstellen in diesem Buch vor. Es gibt einen Überblick über die Vielfalt der noch sichtbaren Hinterlassenschaften und zeigt ihren derzeitigen Zustand.

Unmittelbar vor Drucklegung hat Anton Meden beim Dorf Maružinski einen weiteren Platz entdeckt, der schon in frühgeschichtlicher Zeit von Menschen besiedelt wurde. Vermutlich handelt es sich um einen Kastelliere.

Unsere gemeinsame Arbeit und unsere Wanderungen gehen also weiter.

Schweinfurt/Kanfanar im Frühjahr 2010

Das Feuer war wohl die erste Kulturerrungenschaft der Menschheit. Mit einem Bogenbohrer konnte die Flamme entfacht werden

Ein Blick in die Geschichte

Das Gebiet von Kanfanar war möglicherweise die am frühesten bewohnte Gegend in Istrien. Darauf deuten erst kürzlich in der Romuald Höhle freigelegte Artefakte hin, die aus der Periode des Neandertalers stammen könnten. Genauere Untersuchungen stehen allerdings noch aus. Daß diese Grotte schon im Paläolithikum Menschen Unterkunft gewährt hat, beweisen viele hier vor längerer Zeit entdeckte Geräte aus Feuerstein.

Im Neolithikum, als Ackerbau und Viehzucht die Gesellschaft in ganz Europa verändert haben und die Menschen seßhaft wurden, entstand oberhalb der Lim-Bucht eine erste, dauerhaft genutzte Freilandsiedlung. Ansonsten war das Umland von Kanfanar – wie das übrige Istrien auch – nur sehr dünn besiedelt.

Der Ackerbau wurde erst im Neolithikum „erfunden"

Erst mit Beginn der Bronzezeit stieg die Bewohnerzahl an. Im Gefolge der neuen Technik der Bronzeerzeugung aus Kupfer und Zinn und dem damit einhergehenden überregionalen Güter- und Ideenaustausch entstanden große, heute Kastelliere, Gradine oder Castellieri genannte Bergsiedlungen. Die durch mächtige Mauern geschützten Wohnstätten waren Anlaufstellen für Händler und reisende Handwerker. Bei Kanfanar gab es besonders viele dieser wehrhaften Anlagen. Sie ragten oft nur in Sichtweite voneinander auf. Das lag vermutlich an der günstigen Lage am Kreuzungspunkt wichtiger, seit alters her genutzter Verkehrswege.

Mauerbau in prähistorischer Zeit

In dieser Zeit wurden verstorbene Mitglieder der Oberschicht meist auf Bergen in der Nähe ihrer Siedlung bestattet. Sie wurden unverbrannt in der sogenannten Hockerhaltung in Steinkisten beigesetzt, über die dann Steine aufgehäuft wurden. Es gibt keine andere Gegend in Istrien, in der so viele Tumuli entdeckt wurden, wie im Umland des Städtchens Kanfanar. Sie lassen auf die Bedeutung der in der Nähe existierenden Kastelliere schließen, die wohl von angesehenen, durch den Handel reich gewordenen Familien beherrscht wurden. Nur sie konnten sich solche monumentale, die Landschaft dominierende Grabbauten für ihre Vorfahren leisten. Eine Besonderheit ist ein begehbares Kuppelgrab in der Art einer mykenischen Tholos auf dem Maklavun. Es ist das einzige seiner Art im ganzen nördlichen Adriaraum.

Maklavun: Rekonstruktion des Kuppelgrabs

In der späten Bronzezeit änderten sich die Bestattungsriten grundlegend: die Toten wurden jetzt verbrannt und ihre Asche in Urnen beigesetzt. Innerhalb der Kastelliere oder vor den Toren entstanden Nekropolen, wo die Tongefäße in Steinkisten versenkt wurden.

In der Eisenzeit entwickelte sich in Istrien ein neuer, aus mehreren Sippen bestehender Stammesverband: die Histrier. An seiner Spitze stand ein König, der in Nesactium residiert hat. In dieser Zeit dürften die meisten Höhensiedlungen im Gebiet von Kanfanar fortbestanden haben. Funde sind allerdings spärlich. Das mag daran liegen, daß bislang keine Anlage untersucht wurde. Die Feuerbestattung wurde beibehalten.

Schmuck aus der histrischen Periode aus einem Grab unterhalb vom Kastelliere Sv. Martin

Erst nach der römischen Eroberung, nach dem Fall der Metropole Nesactium und dem Untergang der histrischen Monarchie im Jahr 177 v. Chr. wurden die Bergfestungen aufgegeben. Auf den Anhöhen Parentin und Dvigrad entstanden im frühen Mittelalter neue, durch Mauern geschützte Gemeinwesen.

Kastelliere und Freilandsiedlungen

Karaštak (1)

Die steilen Bergflanken des 201 m hohen Karaštak boten schon den bronzezeitlichen Menschen hervorragende Bedingungen für eine Besiedlung dieser Anhöhe. Ein weiterer Vorzug war die Lage an einer traditionellen Route von der Adria ins Binnenland, die schon seit alters her genutzt wurde.

Auch wenn sich heute die Baureste auf dem Karaštak unter Macchia verbergen und das Plateau durch die Errichtung eines Wasserreservoirs nahezu völlig zerstört wurde, vermittelt die Anlage noch immer einen guten Eindruck von einer prähistorischen Bergsiedlung. Die in etwa runde Terrasse ist von einer Mauer umschlossen, die allerdings zum überwiegenden Teil von der starken Vegetation verdeckt ist. Der Wall des Zentrums läßt sich vor allem im Süden gut erkennen. Hier besteht die Einfriedung aus ungewöhnlich großen, oft tonnenschweren Blöcken.

Über die innere Struktur der Bergsiedlung ist nichts bekannt. Es gibt keine Hinweise auf Gebäude. Man kann aber davon ausgehen, daß die Oberschicht auf dem Plateau residierte, während die Gefolgschaft auf der Terrasse gelebt hat.

Besondere Sorgfalt wurde auf die Gestaltung des Osttors verwendet. Als Haupteingang spielte es bei der Verteidigung eine ausschlaggebende Rolle. Das zur Terrasse führende Portal wurde während mehreren Phasen der Entstehung immer stattlicher und zunehmend raffinierter ausgebaut. Zunächst existierte nur eine einfache trichterförmige Öffnung. Um besser gegen Angriffe geschützt zu sein, wurde zu einem späteren Zeitpunkt die Mauer im Torbereich verstärkt. Zur letzten Bauphase zählt die vor den Wall gesetzte Bastion. Sie diente nicht nur der Sicherung des Durchgangs, sondern bot zugleich die Möglichkeit, vordringende Feinde unter Beschuß zu nehmen. Verteidigungstechnisch vorteilhaft waren auch die Torkammer und die beiden schmalen, versetzt angeordneten Durchgänge.

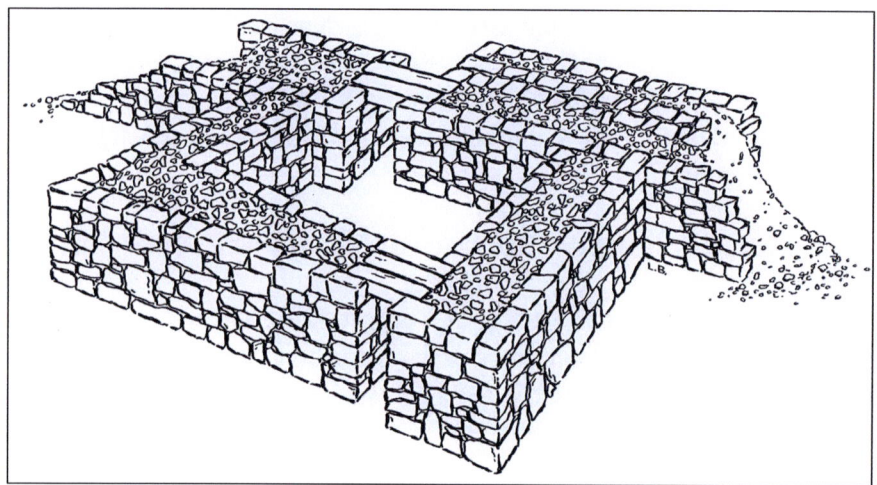

Das Osttor: ein Rekonstruktionsvorschlag

Den Zugang zum Plateau findet man im südlichen Bereich. Es ist eine einfache Passage in der Form eines Trichters, die sich zum Zentrum hin verjüngt. Ihr Mauerwerk besteht aus auffallend großen Quadern, die paßgenau zusammengefügt sind.

Rätselhaft ist ein „Gang", der von Süden her entlang des Plateaus zum höchsten Punkt des Kastellieres führt. Er war von gewaltigen, senkrecht aufgestellten Orthostaten gesäumt. Mittlerweile sind sie zum größten Teil umgestürzt. Nur im Osten, in der Nähe der heutigen Auffahrt blieb auf einer kurzen Strecke die Doppelreihe erhalten. Hier lagern weitere Orthostaten, die bei der Errichtung des Reservoirs abgetragen wurden. Ob der mysteriöse Gang der Teil eines Kult- oder eines Profanbaus war, ist bisher ungeklärt. Daß zu einer so

14

Geheimnisvoller Gang auf dem Plateau

großen Siedlung eine kultische Einrichtung gehört hat, erscheint naheliegend. Natürlich ist auch eine Interpretation als Mauer möglich, obwohl Wälle – schon um die nötige Standfestigkeit zu erreichen – stets nach dem gleichen Prinzip konstruiert wurden: die Wangen bestanden aus Quadern, der Zwischenraum aus kleinen Steinen. Es ist auch sehr sonderbar, daß die Orthostaten in situ blieben, während der Steinschutt spurlos verschwunden ist.

Die hier geborgene Menge an Keramik ist gering. Anhand der beim Bau des Reservoirs zutage getretenen Scherben gingen die Archäologen bisher davon aus, daß der Kastelliere nur in der Bronzezeit genutzt und danach aufgegeben wurde.

Bei einem Besuch im Oktober 2003 sind wir auf ein ungewöhnliches Tonobjekt gestoßen. Die Keramik lag im Erdreich der beim Bau des

Reservoirs im Osten künstlich aufgeschütteten Fläche. Aufgrund der Fundlage ist zu vermuten, daß sich das Stück ursprünglich auf dem Plateau befand und erst zusammen mit dem bei den Bauarbeiten ausgehobenen Material hierher gelangt ist. Es ist durchaus möglich, daß noch weitere Artefakte im Boden ruhen.

Rekonstruktion unseres Fundstücks

Auf den ersten Blick scheint es sich bei diesem ca. 8,5 cm langen Objekt um den Teil eines Gefäßhenkels mit einem spitzen Fortsatz zu handeln. Gegen diese Deutung spricht allerdings, daß aus dem ganzen Umkreis bis Norditalien keine derartigen Henkelparallelen bekannt sind (Hinweis B. Hänsel, Berlin). Bei näherer Betrachtung dieser Keramik fällt eine formale Ähnlichkeit mit Tierfiguren auf, wie sie von einer etruskischen Urne aus dem 7./6. Jh. v. Chr. bekannt sind, die in der Nekropole der nicht weit entfernt aufragenden Höhensiedlung Picugi geborgen wurde. Es wird angenommen, daß es sich bei diesen Tieren um Füchse handelt.

Eine etruskische, mit Füchsen dekorierte Urne aus Picugi

Leider konnte nicht die ganze Skulptur gefunden werden, sondern nur die rückwärtige Körperhälfte, doch immerhin so viel, daß der spitz zulaufende Schwanz und der Ansatz der – abgebrochenen – Hinterläufe zu erkennen sind. Das Fragment läßt sich aber nach den komplett erhaltenen Vorbildern ergänzen.

Verbindungen zur etruskischen Welt dokumentieren auch zahlreiche andere Importwaren, die in mehreren Kastellieren auf der Halbinsel ausgegraben wurden. Derartig kostbare Luxusgüter können durch Handel, Geschenkeaustausch, aber auch durch Piraterie nach Istrien gelangt sein. Der Fund ist ein erstes wichtiges Indiz dafür, daß die Siedlung auf dem Karaštak auch in der Eisenzeit noch bewohnt war. Gleichzeitig verdeutlicht er, daß der Kastelliere seine herausragende Stellung in der histrischen Periode beibehalten hat. Es ist zu hoffen, daß sich bald einmal ein Archäologe findet, der auf dem Berg seinen Spaten ansetzt, um nach weiteren Spuren aus dieser Periode Ausschau zu halten.

Gradina bei Bubani (2)

Auf dem heute Gradina genannten Berg muß man sich anstrengen, um die Reste des Kastellieres noch zu erkennen. Die Gründe dafür sind vielfältig. In der Antike wurde die Anhöhe von den Römern genutzt, wie Keramik- und Ziegelfragmente beweisen, die überall auf dem Areal zu finden sind. Im Mittelalter standen hier mehrere Gebäude, deren Fundamente noch vorhanden sind. Vermutlich wurden sie aus dem Material der vorgeschichtlichen Bauwerke errichtet. Besonders schlimm wirkt sich aus, daß der Hügel jetzt als Steinbruch ausgebeutet wird.

An die ersten Siedler erinnert eine mit Erde bedeckte Mauerpartie, aus der große Blöcke hervorragen. Auch kleine Tonscherben zeugen von den prähistorischen Bewohnern.

Sv. Martin (3)

Die natürlichen Vorzüge des steilen, das weite Umland beherrschenden Berges boten bereits der bronzezeitlichen Bevölkerung ideale Voraussetzungen für eine dauerhafte Besiedlung und Befestigung. Der Beleg für eine kontinuierliche Weiternutzung des Kastellieres in der Eisenzeit ist ein am südwestlichen Hang entdecktes, reich ausgestattetes Brandgrab.

Ausschlaggebend für die Bedeutung der Bergsiedlung war wohl die Lage an der wichtigen, durch das Lim-Tal führenden Nord-Süd-Verbindung. Von ihrer erhöhten Position aus konnten die Bewohner mit denen der gegenüber liegenden Lim Gradina diese Strecke überwachen und am überregionalen Handelsaustausch partizipieren.

Zeugnisse der prähistorischen Siedler sind Gefäßfragmente, die überall auf dem Gelände zu finden sind, das künstlich geebnete Plateau und die beiden breiten Terrassen. Die wenigen Reste der Verteidigungswälle an den Hangkanten heben sich kaum noch von ihrer Umgebung ab. Lediglich an der Auffahrt ist die - inzwischen mit Erde bedeckte und mit Gras bewachsene - Mauer der unteren Ebene noch deutlich sichtbar. Hier kann man auch die typische Bauweise sehen: Wangen aus großen Blöcken, dazwischen Steinschutt.

Mögliche Rekonstruktion der Gradina Sv. Martin

Lim Gradina (4)

Vor mehr als viertausend Jahren – im Neolithikum – entstand auf der Anhöhe über der Lim-Bucht eine erste dörfliche Gemeinschaft. Die Menschen lebten vom Ackerbau und von der Viehzucht, widmeten sich aber auch schon handwerklichen und künstlerischen Tätigkeiten.

19

Die vielen Keramikprodukte unterschiedlichster Art, die auf dem Plateau gefunden wurden, beweisen die Kreativität der damaligen Töpfer. Die Gefäße tragen die für die ausgehende Steinzeit typischen Eindrucks-, Besenstrich- und Spiralverzierungen und sind teilweise auch mit schwarzer, roter oder weißer Farbe bemalt. Besonders interessant ist ein hier geborgenes Rollsiegel. Es diente zum Einprägen eines Musters.

Rollsiegel und neolithische Tonscherbe von der Lim Gradina

In der Bronzezeit dauerte das Leben auf dem Höhenzug fort. Die Eliten dieser Epoche bestatteten ihre verstorbenen Standesgenossen in der Umgebung der Wohnstätten unter Tumuli, die immer noch auf ihre Erforschung warten. Bislang ist nicht einmal bekannt, wie viele dieser Steinhügel überhaupt existieren.

Ein Wertmesser für die Wichtigkeit der Bergsiedlung in der Eisenzeit ist der Reichtum an Beigaben in den hier entdeckten Brandgräbern.

Der Aufschwung, den der Kastelliere in dieser Periode nahm, gründete sich vor allem in der verkehrsgünstigen Lage an einer durch das Lim-Tal ziehenden Handelsroute, die wichtige Küstenorte im Süden der Halbinsel – wie Nescatium und Pula – mit dem nördlichen Teil Istriens und der alpinen Welt verband. Diesen strategisch wichtigen Vorteil erkannten Jahrhunderte später auch die Römer. Sie zerstörten die Siedlung und errichteten auf dem Areal eine Militärstation.

Die archäologische Erkundung der Lim Gradina hat sich – wie bei nahezu allen frühgeschichtlichen Bergfestungen – nur auf die Nekropole beschränkt. Auf der oberen Terrasse, in der Nähe der äußeren Mauer, spürten kroatische Wissenschaftler in den 50er und 60er Jahren des vorigen Jahrhunderts 74 Brandgräber auf. Die Funde waren mannigfaltig und reich. Die Keramik, die den Toten mit ins Grab gelegt wurde, war oft mit geometrischen Mustern versehen. Als Beiga-

In einem Grab der Lim Gradina geborgene histrische Urne

ben dienten Ringe, Armreife, Halsketten, Nadeln und Fibeln in den verschiedensten Formen. Neben lokalen Produkten konnten auch fremdländische Erzeugnisse festgestellt werden. Zu den Schmuckobjekten zählten auch kunstfertige Halsringe, die Beziehungen bis zur Lausitzer Kultur Mitteleuropas erkennen lassen. Die meisten Urnen und Beigaben entstammen einem Zeitraum vom 9. bis zum 7. Jh. v. Chr.

Oft waren mehrere Gräber von niedrigen Trockenmauern eingefaßt. Es handelt sich dabei anscheinend um die Bestattungsbezirke einzelner Sippen. Die Gräber bestanden aus mehreren Steinplatten, die zu Kisten zusammengefügt waren. Auch der Platz, wo die Verstorbenen eingeäschert wurden, konnte lokalisiert werden.

Angesichts der starken Vegetation fällt es heute schwer, sich hier eine prähistorische, stadtähnliche Siedlung vorzustellen. Es sind nur ein paar Mauerzüge, die dem Kastelliere einen Hauch vergangener Zeiten verleihen. Lediglich der sich vom Steilabfall des Lim-Tal.

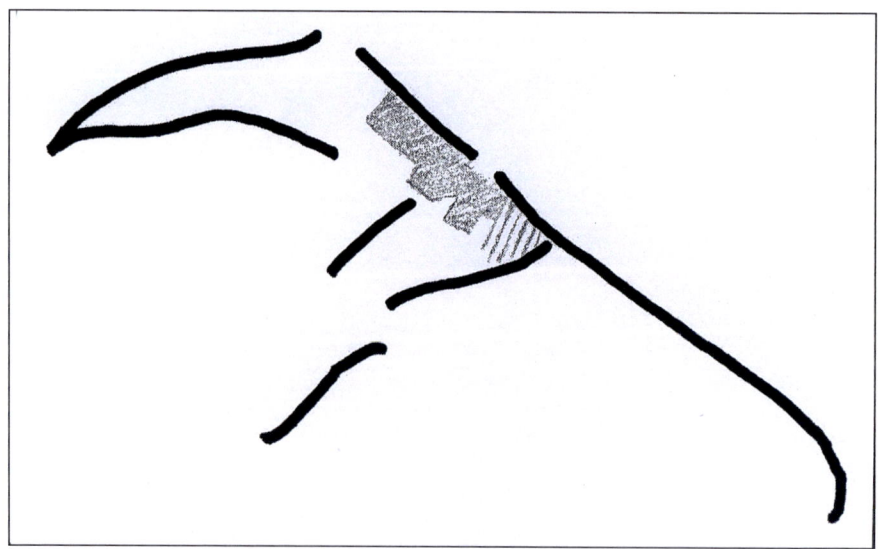

Noch sichtbare Kastellieremauern und die Nekropole (schraffiert)

22

nach Nordwesten hinziehende äußere Schutzwall bietet einen imposanten Anblick. Obwohl er im Laufe der Jahrhunderte in sich zusammengestürzt ist, erreicht er an verschiedenen Stellen immer noch eine Höhe von über 3 m. Auch die typische Bauweise – außen und innen große Blöcke, dazwischen Steinschutt – ist noch gut sichtbar. Folgt man der Unwehrung, so erreicht man nach ungefähr 220 m ein altes, später teilweise zugesetztes Tor, das direkt zur Nekropole führt.

Blickt man hinunter zur Lim-Bucht, so begreift man, daß der Steilabhang schon von Natur aus Schutz geboten hat. Der Kastelliere war von dieser Seite her uneinnehmbar, so daß an dieser Stelle keine Mauer benötigt wurde. Man kann auch ganz deutlich erkennen, wie die Bewohner den Felsen treppenförmig abgearbeitet haben, um eventuellen Angreifern den Aufstieg zu erschweren. Dabei haben sie gleichzeitig das nötige Baumaterial für ihre Siedlung gewonnen.

Blick von der Gradina auf die Lim-Bucht

Vom Kastelliere aus zieht sich ein steiler Pfad bergab. Sicherlich sind schon die prähistorischen Menschen diesen Weg gegangen. Die langgezogene Bucht bot ihnen ideale Bedingungen, um hier einen si-

23

cheren Hafen anzulegen. Für die regelmäßige Anwesenheit von Menschen sprechen zahlreiche nahe des Ufers entdeckte Gefäßfragmente. Reste einer Mole könnten sich noch unter dem heute deutlich höher liegenden Wasserspiegel verstecken.

In der Bucht gab es genügend Platz. Auch vorbeifahrende Schiffe konnten hier anlegen, um im Schutz des Kastellieres ihre Ladungen

Histrisches Schiff in der Lim-Bucht

zu löschen. Die Elite der Lim Gradina gewährte den reisenden Händlern die nötige Sicherheit und partizipierte so am Warenaustausch zwischen dem See- und dem Landtransport in das Innere von Istrien.

Verlockend wäre auch der Gedanke, daß die von der Adria aus nicht einsehbare Bucht im 1. Jahrtausend v. Chr. ein Schlupfwinkel histrischer Piraten war. Von der Gradina aus konnten sie den Seeverkehr entlang der Küste beobachten, mit ihren schnellen Booten die langsameren römischen Handelsschiffe kapern und blitzschnell wieder in ihrem Versteck verschwinden.

Freilandsiedlung bei Jural (5)

Erst unlängst konnte nördlich von Jural unweit der Kirche Sv Margarita ein weiterer bisher unbekannter prähistorischer Siedlungsplatz gefunden werden. Die hier zutage gekommene Keramik stammt sowohl aus der frühgeschichtlichen als auch aus der römischen Periode. Es könnte ursprünglich ein Gehöft gewesen sein, das zur Versorgung der in der Nähe gelegenen Lim Gradina beigetragen hat und später von den Römern übernommen wurde. Landwirtschaftlich nutzbare Flächen gibt es im Umfeld reichlich. Auch eine Quelle zur Wasserversorgung ist vorhanden.

Steinreihen umschließen ein in etwa rechteckiges Areal von ca. 18 x 35 m. Ob es sich dabei um die Reste einer vorgeschichtlichen oder um eine von den Römern auf die alte Umwehrung gesetzte Mauer handelt, ist noch ungeklärt.

Gradina Marozula (6)

Ein gutes Beispiel für einen wehrhaften Kastelliere mit nur einem Mauerring ist der Marozula. Die ungewöhnlich große Siedlung – sie ist ungefähr 170 m lang und ca. 110 m breit – besitzt eine ovale Form. Die wenigen, nur oberflächlich gesammelten Tonfragmente deuten darauf hin, daß die Anlage in der Bronzezeit bewohnt war. Nähere Untersuchungen stehen bislang allerdings aus.

Der bis zu 3 m hohe Verteidigungswall ist nahezu komplett erhalten. Allerdings ist er über weite Strecken hinweg von Erdreich bedeckt. Nur im nördlichen Bereich erkennt man die typische Trockenmauer-Schalenbauweise. Die großen Monolithen sind besonders akkurat bearbeitet und paßgenau zusammengesetzt.

Exakt bearbeitete Quader der Mauer des Kastellieres Marozula

Siedlungsplatz östlich vom Mukliz (7)

Eine Sonderstellung nimmt der prähistorische Siedlungsplatz auf einer Anhöhe östlich vom Mukliz ein. Ein üblicher Kastelliere war er nicht, dafür ist das Areal viel zu klein. Gegen ein Gehöft spricht die

Lage auf einem Berg abseits landwirtschaftlich nutzbarer Flächen. Es könnte ein Vorposten zum Schutz einer größeren Bergfestung gewesen sein oder der Sitz eines kleinen regionalen Herrschers.

Leider lassen sich im Gelände nur noch Teile des bis zu 2 m breiten Befestigungswalls erkennen. Im Süden und im Westen wurde er abgetragen und seine Steine für den Bau eines modernen Mauerzugs verwendet, der aber dem Verlauf der alten Umwehrung folgen könnte. An einigen Stellen besteht die Außenwange aus großen Orthostaten.

Kleine prähistorische Keramikscherben kann man überall auf dem Gelände entdecken. Sie lassen jedoch keinen Aufschluß darüber zu, wann die Anlage gegründet wurde, und wie lange sie bewohnt war.

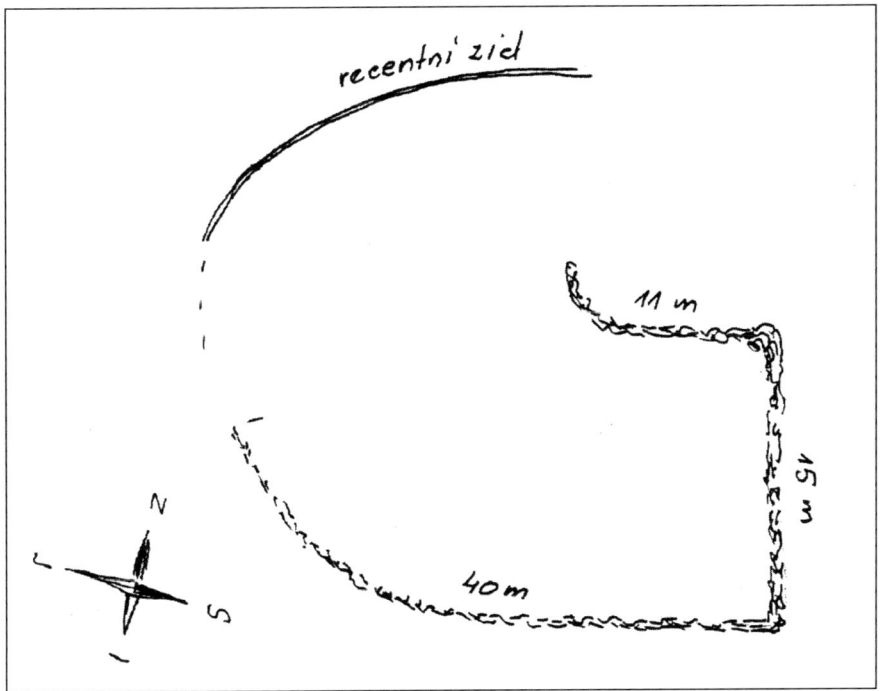

Plan des Siedlungsplatzes Mukliz

Mrvasin (8)

Zwei Bergspitzen prägen das Bild des langgestreckten Höhenzugs unweit südlich von Šorići. Im Norden ragt der Monmarin auf, im Süden der Mrvasin. Auf dem Mrvasin existierte schon in der Bronzezeit ein Kastelliere. Seine effiziente Befestigung, hauptsächlich aber mehrere markante Gräber im Umland lassen auf eine wichtige Siedlung schließen.

Das große, von Menschenhand geebnete Plateau des 206 m hohen Mrvasin ist gut 75 m lang und bis zu 65 m breit. Diese Hochfläche wurde mit einer breiten Mauer gesichert. Obwohl sie heute über weite Strecken hinweg in sich zusammengesunken und mit Erde und Gras bedeckt ist, läßt sich ihr Verlauf ohne Probleme verfolgen. Nur im Osten ergibt sich ein anderes Bild: hier präsentiert sie sich nur noch als gigantische Steinhalde.

Keramik vom Mrvasin

Unterhalb der Hochebene erstrecken sich zwei relativ schmale Terrassen. An ihre Befestigungen erinnern heute nur noch große, an den Rändern liegende Steinblöcke. Auf dem gesamten Gelände wurden frühgeschichtliche Keramikfragmente gefunden. Sie verweisen auf eine lange Siedlungsdauer.

Glavica (9)

Westlich der vom Lim-Tal nach Bale führenden Landstraße erstreckt sich eine weitere, erst kürzlich entdeckte prähistorische Wohnstätte. Der Kastelliere besitzt eine in etwa ovale, im Osten aber spitz zulaufende Umfriedung. Er ist bis zu 40 m breit. Seine Länge läßt sich nicht mehr feststellen, da die Mauer im Westen abgetragen wurde. Der Zugang lag im Norden. Zu seinem Schutz wurde ein parallel zur

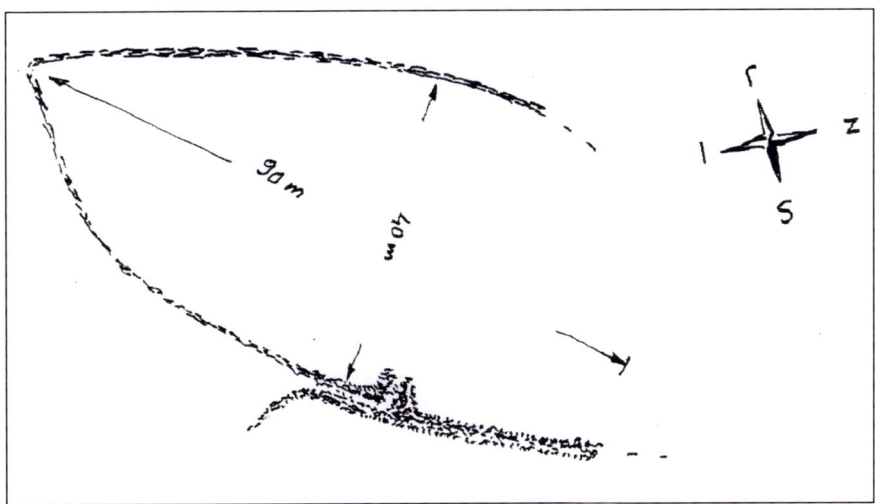

Das Tor und die noch vorhandenen Mauerreste des Glavica

Umwehrung verlaufender Abschnittswall vorgesetzt, der beim Tor in die Hauptmauer mündet. Beide Befestigungen wurden aus Trockenwerk in der typischen Zweischalentechnik errichtet. Sie sind bis zu 3 m breit. Überall auf dem Areal kann man kleine Keramikscherben finden.

Unweit westlich vom Glavica ragt ein Tumulus auf. Er hat einen Durchmesser von ca. 12 m und ist etwa 2 m hoch. Hier wurden wohl die Herren der Siedlung bestattet.

Freilandsiedlung unterhalb vom Mompeter (10)

Üblicherweise wurden in der Vorgeschichte Siedlungen auf Bergen angelegt, die von Natur aus besseren Schutz boten. Warum die Menschen ihre Wohnstätte unterhalb vom Mompeter errichtet haben, läßt sich aus heutiger Sicht nicht mehr klären. Möglicherweise hat an der Stelle, wo wir frühgeschichtliche Keramikreste bergen konnten, ein befestigtes Gehöft existiert, ein bäuerliches Anwesen, von dem

So könnte die Siedlung unterhalb vom Mompeter ausgesehen haben

aus die Menschen das umliegende Gebiet besser landwirtschaftlich bearbeiten und ihr Vieh weiden lassen konnten.

Krmed (11)

Im Jahr 2005 wurde in der Nähe von Korenići auf einem Gebiet, das die Einheimischen Krmed nennen, ein ca. 100 x 200 m großer steinzeitlicher Siedlungsplatz entdeckt. Er liegt in einem Gebiet mit Kalkfelsen, deren typische Karsterscheinungen – tief eingeschnittene Senken, Grotten und weit überhängende Felspartien – den damaligen Menschen ideale Bedingungen für einen längeren Aufenthalt geboten haben. In diesem labyrinthartigen System aus Spalten, Gängen und Höhlungen waren die Bewohner sowohl gegen Witterungseinflüsse

Aus Feuerstein gefertigte Geräte des täglichen Gebrauchs

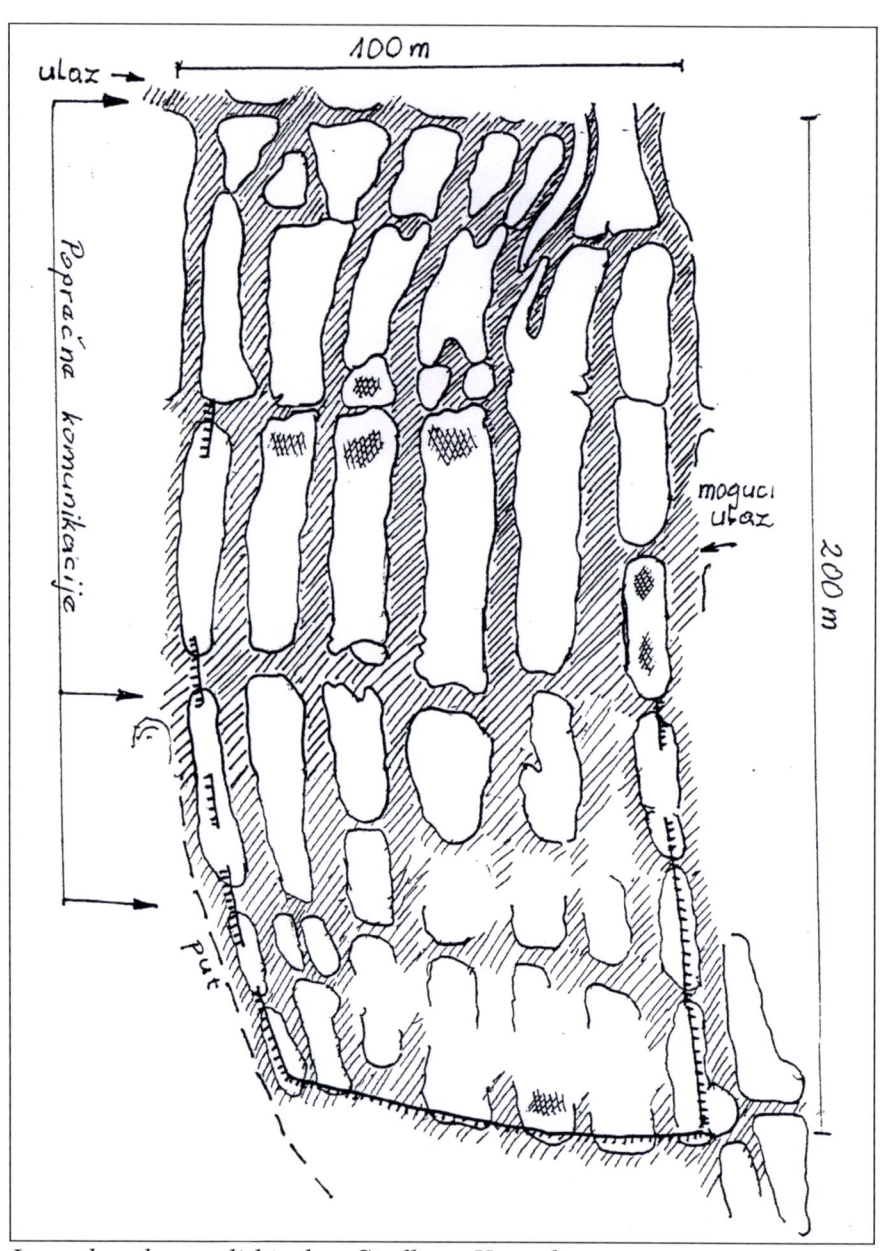

Lageplan der neolithischen Siedlung Krmed

32

als auch gegen feindliche Angriffe optimal geschützt. Hinzu kommt, daß die an verschiedenen Stellen gefundenen mauerähnlichen Reste auch an eine Art Befestigung denken lassen.

Auf dem Areal wurden sehr viele Tonscherben gefunden. Darunter waren auch zahlreiche Stücke mit Eindrucksverzierungen – sogenannte Impressokeramik -, die für das Neolithikum typisch sind. Unter den Felsüberhängen wurden auch mehrere aus Feuerstein gefertigte Geräte freigelegt.

Parentin (12)

Schlüsselpositionen im prähistorischen Transportsystem nahmen Orte ein, die an bedeutenden Verkehrswegen lagen. Ein solcher Umschlagplatz dürfte der Parentin gewesen sein. Hier kreuzten sich die von der Adria durch das Lim-Tal ins Binnenland führende Route mit der von Pula bzw. Nesactium kommenden und weiter nach Norden verlaufenden Strecke. Unter der Aufsicht und unter dem Schutz der Elite des Kastellieres konnte hier der Güteraustausch gefahrlos vonstatten gehen.

Die Gradina dehnte sich auf einem Geländesporn mit an drei Seiten schroff abfallenden Hängen aus. Daß heute auf dem Arcal kaum noch Spuren einer vorgeschichtlichen Besiedlung vorhanden sind, verwundert nicht. Der Grund dafür ist, daß hier bereits im frühen Mittelalter eine Stadt gegründet und mit starken Wehrmauern umgeben wurde. Bei den Quadersteinen dieses Walls, der an einer Stelle im nördlichen Bereich noch erhalten ist, handelt es sich wahrscheinlich um wiederverwendetes Material aus der zerstörten Bergsiedlung. Noch gut auszumachen ist auch, wie die frühen Bewohner durch Steinbrucharbeiten die Kuppe und eine nach Süden auslaufende Geländezunge abgetragen und geebnet haben. Auch die Felsabarbeitungen am westlichen Hang zeichnen sich noch deutlich ab.

Am Kreuzungspunkt wichtiger Verkehrswege gelegen: der Parentin

Der bekannte Archäologe Boris Baćić, der viele Gradine untersucht hat, konnte im Jahr 1951 auf der Anhöhe noch kleine prähistorische Keramikscherben finden. Sie reichten allerdings nicht aus, um die exakte Nutzungsdauer der Anlage zu bestimmen.

Die Nähe zur unweit östlich gelegenen Bergfestung Dvigrad, mit der die Bewohner des Parentin in ständigem Blickkontakt standen, läßt auf spezielle Beziehungen zwischen den beiden Kastellieren schliessen. Vielleich bildeten sie einen Siedlungsverbund, der gemeisam für die Sicherheit der durch das Lim-Tal führenden Route gesorgt hat.

Dvigrad (13)

Die Ruinen von Dvigrad sind ein beliebtes Ausflugsziel. Trotz der Zerstörungen bietet die pittoreske Silhouette noch immer ein eindrucksvolles Bild von einer mittelalterlichen Stadt mit mächtigen Verteidigungsmauern und hoch aufragenden Wehrtürmen. Nicht ganz so imposant dürfte der Anblick der prähistorischen Siedlung gewesen sein, die in der Bronzezeit errichtet und in der Eisenzeit weiter genutzt wurde.

Blick auf Dvigrad

Am Abhang des Berges sind zahlreiche frühgeschichtliche Keramikfragmente entdeckt worden. Möglicherweise lag hier eine Nekropole. Dafür sprechen auch mehrere Astragali, kleine Knochen, die von den

Histriern zum Spielen verwendet, aber auch als Beigaben mit ins Grab gelegt wurden. Wer mit offenen Augen durch den Friedof bei der Kirche Sv. Marije od Lakuća läuft, dem werden in der Erde zahlreiche kleinste Keramikscherben auffallen.

In Dvigrad geborgene Urne

Zad Glavice (14)

Auch der Siedlungsplatz Zad Galvice, der sich auf einem ins Limska Draga vorspringenden Felsplateau unterhalb des Berges Glavica ausbreitet, konnte erst vor kurzem wiedergefunden werden. Von seiner Lage her könnte auch dieser Kastelliere eine wichtige Station an der durch das Tal verlaufenden, von der Adria in das Innere der Halbinsel führenden Verkehrsroute gewesen sein. Anhand der noch vorhandenen Mauerreste kann man davon ausgehen, daß nur der leicht zugängliche Bereich im Norden durch einen Abschnittswall gesichert war. Hier befand sich auch der Eingang, ein einfaches, trichterförmiges Tor. Das Keramikmaterial, das auf dem Areal noch an vielen Stellen zu finden ist, reicht für eine zeitliche Einordnung der Anlage nicht aus.

Keramikfunde auf dem Zad Glavice

Sv. Agata (15)

Die prähistorische Siedlung ist nach der Kirche Sv. Agata benannt, die wegen ihrer frühromanischen Fresken bekannt und berühmt ist. Gegründet wurde der Kastelliere schon in der Bronzezeit. Im 1. Jahrtausend lebten hier die Histrier. Nach der Eroberung Istriens legten die Römer auf dem Territorium der alten Siedlung ein Militärlager an. Die Kirche Sv. Agata wurde im 11. Jh. erbaut. Später kam noch die Kirche Sv. Jakov hinzu. Vom 16. bis zum 18. Jh. verlief in der Nähe die oft umkämpfte Grenze zwischen dem venezianischen und dem habsburgischen Einflußgebiet. So ist es kein Wunder, daß von der alten Wohnstätte oberflächlich nur wenige Reste erhalten sind.

Ein im Kastelliere Sv. Agata gefundenes Bronzebeil

Die Bergfestung liegt auf einem an einer Seite steil zur Karstschlucht Limska Draga abfallenden Bergrücken. So mußte nur der gefährdete Bereich durch einen halbkreisförmigen Wall gesichert werden. Mitlerweile konnten wir allerdings im nördlichen Teil der Anlage Steinansammlungen finden, die erst kürzlich beim Bau eines Weges zutage gekommen sind. Sie deuten darauf hin, daß an dieser Stelle einmal ein weiterer Mauerring existiert haben könnte.

Im vergangenen Jahrhundert wurde auf dem Gelände vom Archäologischen Museum in Pula eine kleine Probegrabung durchgeführt, bei der reichlich Keramik aus der Bronze- und Eisenzeit zutage kam. Der wertvollste Fund war eine Axt aus Bronze. Weitere Untersuchungen wurden leider nicht angestellt.

Sv. Agata: Keramikfragmente

Wenn man von der Kirche aus in westliche Richtung bergab geht, stößt man nach gut 100 m auf den inzwischen in sich zusammengestürtzten und mit Gras bewachsenen Wall des Kastellieres. Ungefähr 150 m weiter, wo das Plateau jäh in einen Steilabfall übergeht, endete das Siedlungsareal. Hier an der Abbruchkante fehlt eine Mauer, da der abschüssige Hang ohnehin natürlichen Schutz geboten hat. Weiter unten gibt es mehrere schmale, künstlich geschaffene Terrassen, die vermutlich als zusätzliche Verteidigungsflächen gebraucht wurden. Auf der untersten Ebene befindet sich der Eingang zu einer Höhle mit einer Quelle. Sie dürfte schon den frühen Bewohnern als Wasserstelle gedient haben. Ob das Bassin auf die Vorgeschichte zurückgeht, läßt sich allerdings nicht feststellen. Möglich wäre auch, daß die Grotte ein Kult- oder Opferplatz war, wo Gaben für die Götter niedergelegt wurden.

Bataljevac (16)

Der Kastelliere Bataljevac weist nur eine sehr bescheidene Wohnfläche auf. Ganz sicher handelt es sich hier nicht um eine stadtähnliche Siedlung. Man könnte an ein größeres befestigtes landwirtschaftliches Gut denken, aber auch an einen Militärposten oder an einen kleinen Fürstensitz.

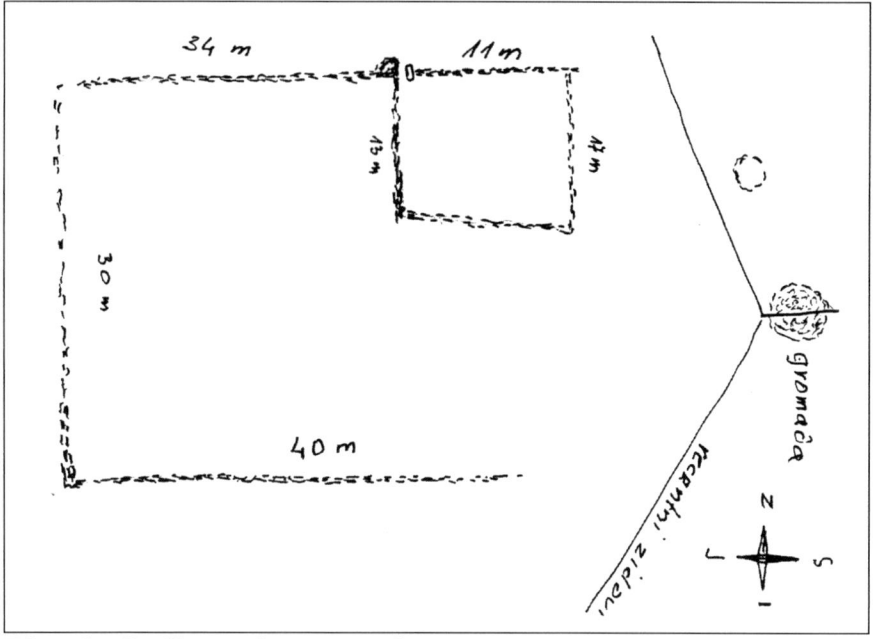

Plan des Siedlungsplatzes Bataljevac

Augenfällig ist die Form der Anlage. Sie ist nicht - wie sonst üblich – dem Gelände angepaßt, sondern rechteckig. Der Zugang liegt im Westen und führt in eine relativ große Torkammer. Der nur 1 m breite Verteidigungswall ist noch überraschend gut erhalten. Im Süden wurde er abgetragen und sein Steinmaterial für den Bau einer modernen Mauer wieder genutzt. Prähistorische Keramikscherben findet man überall auf dem Areal. Auch kleine, aus Feuerstein gefertigte Werkzeuge wurden hier entdeckt.

Zugang zum Kastelliere Bataljevac

Unmittelbar vor der Wohnstätte gibt es einen inzwischen in sich zusammengefallenen Tumulus. Alles spricht dafür, daß die hier Bestatteten zur Siedlung gehört haben. Nur 300 m entfernt vom Bataljevac existiert eine Wasserstelle, die sicherlich schon von den prähistorischen Siedlern genutzt wurde.

Zanetovac (17)

Der Siedlungsplatz Zanetovac, der erst im Jahr 2006 entdeckt wurde, ist kein Kastelliere im üblichen Sinn. Auf der kleinen Anhöhe, die sich kaum von ihrem Umland abhebt, gibt es keinerlei Spuren, die auf eine Befestigung hindeuten. Trotzdem muß der Hügel über einen längeren Zeitraum hinweg bewohnt gewesen oder zumindest immer wieder aufgesucht worden sein. Dafür sprechen die reichen, möglicherweise bronzezeitlichen Keramikreste, die überall auf dem Areal zu finden sind. Es könnte ein Gehöft oder ein Lagerplatz der Viehhirten gewesen sein, die im Umland ihre Herden geweidet haben.

Ganz in der Nähe des Siedlungsplatzes gibt es einen heute versumpften Tümpel. Vermutlich hat er damals Mensch und Vieh mit Wasser versorgt.

Tiere wurden außerhalb der Kastelliere gehalten und von Hirten bewacht

Pištine (18)

In seiner 1903 veröffentlichen Monographie erwähnte Carlo Marchesetti einen Kastelliere mit dem Namen Cernig. Heute nennt man den Ort Pištine. Wer hier eine Bergsiedlung mit einem terrassenförmigen Aufbau und mächtigen Wällen erwartet, wird enttäuscht. Das Areal der prähistorischen Wohnstätte, das heute landwirtschaftlich bearbeitet wird, ist zwar sehr groß, hebt sich aber von seiner Umgebung so gut wie nicht ab. Auch Mauerreste sucht man vergeblich. Der einzige Hinweis auf die Anwesenheit von Menschen in vorgeschichtlicher Zeit sind Keramikscherben.

Bei unserem letzten Besuch hatte der Bauer, dem hier die Felder gehören, den Acker gerade frisch gepflügt. Dabei kamen so viele Gefäßfragmente zum Vorschein, daß man von einer sehr langen Besiedlungsdauer ausgehen kann.

In Pištine gefundene Keramikfragmente

Höhlen

Höhle über der Lim-Bucht (19)

In den Abhängen der tief in die Landschaft einschneidenden Lim-Bucht gibt es zahlreiche Höhlen, Grotten und Felsspalten. Viele davon wurden bereits in prähistorischer Zeit von Menschen aufgesucht und als Zufluchtsstätten genutzt. In einer dieser Höhlen im oberen Teil des südlichen Steilhangs wurden zusammen mit menschlichen Knochen auch Keramikscherben und kleine, aus Feuerstein gefertigte Geräte entdeckt. Der Fundplatz befindet sich in einer nach Norden vorspringenden Felsnase. Den oberen Eingang erreicht man von einem kleinen, vermutlich von Menschenhand geebneten Plateau aus.

Der untere Zugang zur Höhle über der Lim-Bucht

Zunächst gelangt man in einen gut 2 m hohen Hauptraum, in dem die Knochen, die Silex-Werkzeuge und das Tonmaterial geborgen wurden. Von hier aus führt ein teilweise nur 1 m hoher, tunnelartiger Gang abwärts zum unteren Zugang, von dem aus man einen weiten Blick über die Lim-Bucht genießt.

Die Skelett-Teile könnten darauf hinweisen, daß die Grotte nicht nur zu Wohnzwecken aufgesucht wurde, sondern auch als Grabstätte gedient hat. Unklar ist, ob Werkzeuge und Gefäßfragmente überhaupt mit den Knochen in Verbindung gebracht werden können.

Romuald Grotte (20)

Schon in der Zeit der frühen jägerisch geprägten Kulturen war die Romuald Grotte ein bevorzugter Unterschlupf. Sie bot ideale Bedingungen für einen längeren Aufenthalt. In ihrer Nähe fanden die Menschen alles, was sie für ihren Lebensunterhalt benötigten. In der

Eingang in die Romuald Grotte

45

Lim-Bucht gab es Fische und Muscheln, am Ufer Mineralien und Gestein und in Wald und Flur reichlich früchtetragende Pflanzen und

Geräte des täglichen Bedarfs wurden aus Feuersteinknollen gefertigt

Brennholz. Die ältesten Spuren, die bisher festgestellt werden konnten, stammen aus dem Paläolithikum, also aus der Zeit um 20 000 v. Chr. Es waren vor allem Geräte des täglichen Bedarfs – Bohrer, Messer, Spitzen und Schaber -, die von den damaligen Bewohnern aus Feuersteinknollen geschlagen wurden. Auch Werkzeuge aus Horn sowie Reste der Jagdbeute konnten freigelegt werden.

Kürzlich wurden wieder Grabungen in der Höhle durchgeführt. Dabei kamen erstmals in Istrien Artefakte zum Vorschein, die darauf hindeuten, daß schon in der Zeit des Neandertalers Menschen in der Höhle Unterschlupf gefunden haben könnten.

Pećinovac Grotte (21)

Um sich in einer lebensfeindlichen Umwelt behaupten zu können, nutzten die Menschen der Vorgeschichte die in einer geschützten Senke gelegene Grotte Pećinovac als Unterkunft. In den 90er Jahren des vorigen Jahrhunderts zählte die Höhle zu den durch den Bau der neuen Autobahn gefährdeten archäologischen Lokalitäten. Deshalb wurde sie im Jahr 1998 von Wissenschaftlern des Ärchäologischen Museums in Pula untersucht.

Bei den Grabungen kamen zahlreiche Gefäßfragmente zutage. Viele waren mit den für das Neolithikum charakteristischen Eindrucksverzierungen dekoriert. Andere, hier gefundene Tonscherben dokumentieren, daß die Grotte auch später noch – in der Bronzezeit und sogar im Mittelalter – zeitweise aufgesucht wurde. In diesen Epochen dürfte sie aber nur als kurzfristiger Rastplatz, als Obdach für Hirten oder als Zufluchtsort in kriegerischen Zeiten genutzt worden sein.

Tumuli und Nekropolen

Maklavun (22)

Als Denkmal für die Ewigkeit war es gedacht: das außergewöhnliche Grab auf dem 213 m hohen Maklavun. Das schon von weitem sichtbare Wahrzeichen der Macht und des Reichtums einer bronzezeitlichen Herrscherfamilie sollte der Zeit trotzen. Doch bereits in der Vorgeschichte wurde es gründlich ausgeplündert. Später brach die Decke ein und zerstörte die Grablegung. Heute befindet sich die Begräbnisstätte nur noch wenige Meter von der Abbruchkante eines Steinbruchs entfernt, und es besteht die Gefahr, daß der Gipfel mit den Resten des Denkmals abstürzt.

Der Steinbruch von Maklavun

In den 50er Jahren des vorigen Jahrhunderts nahm der kroatische Archäologe Boris Bačić erste Untersuchungen an dem Grabbau vor.

48

Dabei rekonstruierte er den vorher vom Steinschutt befreiten Komplex. In den Jahren von 1997 bis 1999 beschäftigten sich Bernhard

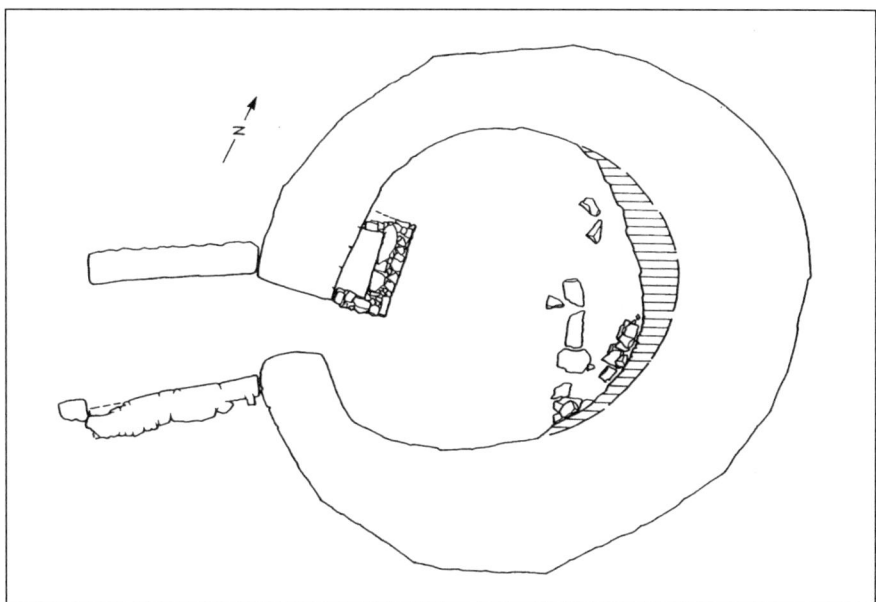

Grundriß des Grabes nach Baćić

Hänsel und Biba Teržan vom Prähistorischen Institut der Freien Universität Berlin mit dem Grab. Bei ihren Arbeiten stellten sie fest, daß die jetzt sichtbaren Konturen nur zum Teil der ursprünglichen Form entsprachen. Das weitaus wichtigere Ergebnis ihrer Arbeit war jedoch, daß es sich bei diesem Monument nicht um irgendeinen bronzezeitlichen Steinhügel handelt, sondern um ein begehbares Kuppelgrab. Es ist das einzige dieser Art im nördlichen Adriaraum. Es wurde – und das ist das wichtigste an ihrer Aussage – in der Art einer mykenischen Tholos in der sogenannten unechten Gewölbetechnik errichtet. Dabei setzte man Steinreihen so übereinander, daß die obere die jeweils untere etwas überkragte, bis die Wölbung mit einer größeren Platte geschlossen werden konnte.

Dromos und Tor des Kuppelgrabes

In der schon vor langer Zeit ausgeraubten Tholos konnten nur noch wenige Bruchstücke von Tonfragmenten zutage gefördert werden. Doch lassen sich die geringen Funde eindeutig einem Zeitraum zwischen 1500 und 1200 v. Chr. zuweisen, also der Epoche, in der im mykenischen Griechenland für die Eliten ähnliche Totenhäuser aufgeführt wurden.

Woher kam aber die Idee, in Istrien einen solchen Repräsentationsbau zu errichten? Es ist kaum vorstellbar, daß dies ohne die Kenntnis mykenischer Vorbilder geschehen konnte. In Griechenland waren solche Anlagen Persönlichkeiten von Rang und deren Angehörigen vorbehalten. Man kann deshalb davon ausgehen, daß in der Umgebung des Maklavun in der Bronzezeit eine bedeutende Familie gelebt hat, die ihre Mitglieder so bestattet hat, wie es bei der mykenischen Elite üblich war. Sie muß neben den nötigen Mitteln zum Errichten dieses Mausoleums auch über enge Beziehungen zum südlichen Mittelmeerraum verfügt haben. Mit diesem Ehrenmal wollte sie ihre Verstorbenen verherrlichen, ihren besonderen Status über den Tod hinaus manifestieren und zugleich ihr dynastisches Gefüge sichern.

Luftaufnahme des Grabes

Vielleicht war dieses die Landschaft beherrschende Monument zugleich als Markierung ihres Territoriums gedacht.

Hinweise auf die Erbauer fehlen. Über den Ort, wo sie gelebt haben, kann nur spekuliert werden. Es ist aber sicher, daß es die Herren eines der Kastelliere waren, die im näheren Umfeld des Berges aufragen. Hänsel und Teržan schlugen die Bergfestung Karaštak vor. Sie begründeten ihre Ansicht unter anderem mit dem imposanten Ausbau dieser Siedlung, vor allem aber damit, daß die an beiden Plätzen gefundene Keramik aus der gleichen Epoche stammt.

Es könnte aber auch der auf dem Sv. Martin herrschende Clan gewesen sein, der den Maklavun als letzte Ruhestätte für seine Familienmitglieder erwählt hat. In dieser Siedlung wurden ebenso vergleichbare Tonbruchstücke aus dieser Zeit gesammelt. Ganz sicher war der Sv. Martin genau so repräsentativ und verteidigungswirksam ausgebaut, nur wurde die Anlage bereits in der römischen Ära zerstört.

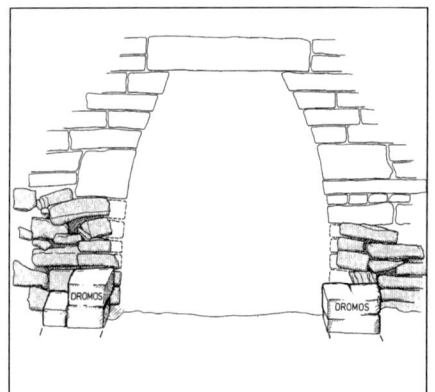 

So könnte der Eingang zur Tholos ausgesehen haben

Von dem einzigartigen, einst weithin sichtbaren Kuppelbau blieb der von Baćić nicht ganz originalgetreu rekonstruierte Steinkreis übrig. Erkennen lassen sich auch noch die Reste des Dromos, dessen Innenseiten besonders sorgfältig bearbeitet wurden. An das einst sicherlich imposante Portal zur Tholos erinnern nur noch große flache Steinplatten, die in den Türbereich gestürzt sind.

Die Kammer war für mehrere Bestattungen gedacht. Links vom Eingang sieht man eine Grablegung, die direkt an die Wand angefügt ist. Sie bietet soviel Raum, daß ein Toter in ausgestreckter Haltung darin Platz fand. Vom zweiten, im Zentrum befindlichen Grab zeugen nur noch ein paar große Steinblöcke.

Žvenke (23)

Der bislang ebenfalls unerforschte und in der Literatur nicht erwähnte bronzezeitliche Grabhügel auf dem langgestreckten Höhenrücken Žvenke hat die Zeitläufte relativ gut überdauert. Beim Bau dieses Steinhügels wurden besonders große Blöcke aufgetürmt. Heute ist die vorgeschichtliche Grabstätte von einem dichten Macchiagürtel

Tumulus auf dem Žvenke

53

umschlossen, der das imposante, noch knapp 2 m hohe Monument kaum zur Geltung kommen läßt.

Die Frage, wer seine Toten so aufwendig bestattet hat und für wen dieser Tumulus auf einem so exponierten Geländepunkt geschaffen wurde, verlangt natürlich nach einer Erklärung. Sicherlich ist die Vermutung nicht falsch, den Grabhügel mit der in der Bronzezeit bedeutenden Siedlung auf dem Karaštak, der nur knapp 500 m Luftlinie entfernt von hier aufragt, in Verbindung zu bringen. Es ist anzunehmen, daß die führende Familie dieses Kastellieres mit dem Grabmal ihre Macht und ihren Reichtum weithin sichtbar zur Schau stellen und zugleich die gesellschaftliche Position ihrer verstorbenen Ahnen für alle Zeiten dokumentieren wollte.

Kičer (24)

Auch auf dem Kičer wurde in der Vorgeschichte die Bergkuppe abgetragen und ein sehr großes Plateau geschaffen. In der Literatur wird die Anhöhe als Gradina bezeichnet. Boris Baćić soll hier kleine Keramikscherben gefunden haben. Bei mehreren Besuchen konnten wir weder prähistorische Tonfragmente noch Bebauungsspuren, die auf eine Siedlung hinweisen, entdecken. Dafür sind wir an verschiedenen Stellen auf Steinansammlungen gestoßen, bei denen es sich um abgerutschte Grabhügel handeln könnte. Es ist also davon auszugehen, daß hier eine bronzezeitliche Nekropole existiert hat.

Einen besonders großen Tumulus fanden wir im westlichen Teil der Hochfläche. Er hat einen Durchmesser von knapp 25 m und ragt ca. 4 m hoch auf. In seine Spitze wurde ein Meßpunkt eingelassen, ansonsten scheint er unbeschädigt zu sein. Auf den ersten Blick wirkt er wie ein normales Steinhügelgrab, wie es in der Bronzezeit in Istrien auch andernorts errichtet wurde. Auffällig ist nur, daß im südöstlichen Bereich zwei dromosähnliche Mauerzüge auf den Tumulus zuführen. Auch wenn zwischen den beiden Wangen des Gangs im jetzigen Zustand kein Tor zu einer Grabkammer erkennbar ist, drängt sich der Gedanke auf, daß es ein begehbares Kuppelgrab in der Art einer mykenischen Tholos sein könnte, wie es erst kürzlich ganz in der Nähe auf dem Maklavun festgestellt werden konnte.

Tumulus auf dem Kičer

Auch dieses Grab könnte von einflußreichen Familien der Kastelliere Karaštak oder Sv. Martin angelegt worden sein, die wohl enge Beziehungen zur Ägäis unterhalten haben und in den damals beginnenden Kultur- und Ideentransfer eingebunden waren. Vielleicht waren es ja „Gastarbeiter" aus der mykenischen Welt, die auf dem Kičer und auf dem Maklavun Grabbauten im Stil ihrer Heimat errichtet haben. Die Wissenschaft geht heute davon aus, daß große prähistori-

Beisetzungsfeier

sche Siedlungen schon in der Bronzezeit Anlaufstellen und Treff-
punkte für Händler und Handwerker aus weit auseinanderliegenden
Gebieten waren.

Rupnjak (25)

Gut 500 m westlich vom Kastelliere Sv. Martin gibt es auf einem
heute Rupnjak genannten Plateau zwei noch recht gut erhaltene,
inzwischen aber mit Gebüsch bewachsene Grabhügel. Die unmittelbar nebeneinander aufragenden Hügel haben Durchmesser von je ca.
15 m. Der westliche Tumulus ist ungefähr 1,5 m, der östliche ca. 1 m
hoch. Der westliche Hügel ist von Steinplatten kreisförmig eingefaßt.
Die Nähe zur Gradina Sv. Martin läßt vermuten, daß die Bestatteten
zur Führungsschicht dieser Bergsiedlung gehört haben.

Bubani (26)

Es war bei der bronzezeitlichen Oberschicht Tradition, daß sie ihre Toten in Steinkisten unter hohen Hügeln bestattet hat. Hier ruhten sie in der sogenannten Hockerhaltung, also mit angezogenen Knien und angewinkelten Armen vor dem Oberkörper.

Wenig spektakulär zeigt sich heute das Monument auf dem kleinen, Bubani genannten Hügel. Das Grab, in dem wohl wichtige Persön-

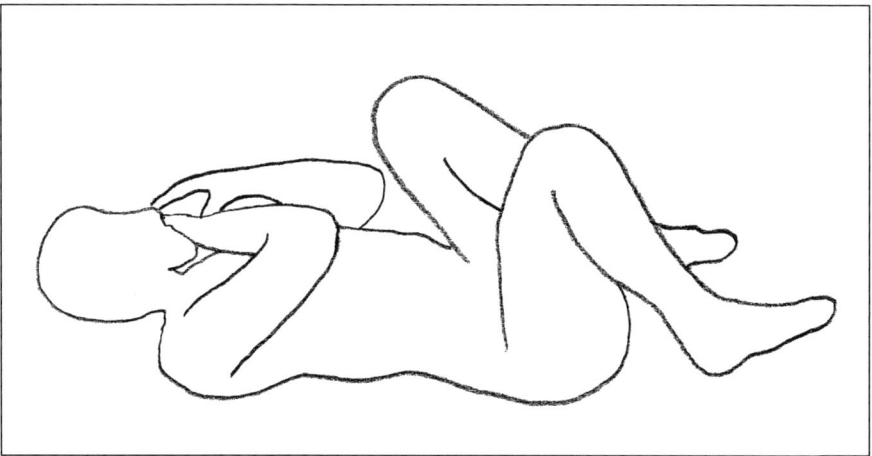

Toter in Hockerhaltung

lichkeiten vom Sv. Martin zur letzten Ruhe gebettet wurde, ist längst zu einer Steinansammlung verkommen, die sich kaum noch von ihrer Umgebung abhebt.

Tumuli östlich von Brajkovići (27)

Östlich von Brajkovići, unweit nördlich der von Rovinj nach Kanfanar führenden Straße, ragt ein recht gut erhaltener Grabhügel ca. 2,50 m hoch auf. Sein Durchmesser beträgt ungefähr 15 m. Weniger gut ist es einem anderen Tumulus ergangen, der sich weiter nördlich in einem Macchiagebiet befindet. Er wurde – wahrscheinlich von Grabräubern – abgetragen und ausgeraubt. Übriggeblieben sind nur ein Steinkreis mit einem Durchmesser von ca. 12 m und eine ca. 1,50 m x 0,50 m große Steinkiste, deren Deckel entfernt wurde.

Für wen die Begräbnisstätten bestimmt waren, läßt sich nur schwer ermitteln. In der näheren Umgebung existiert kein größerer Kastelliere, sondern nur die vermutlich bäuerliche Ansiedlung unterhalb vom Mompeter.

Nekropole über dem Lim-Tal (28)

Auf einer Geländezunge über dem Lim-Tal wurde in der Bronzezeit eine weitläufige Nekropole angelegt. Der Platz an einer wichtigen, durch das Lim-Tal führenden Verkehrsachse war mit Bedacht ausgesucht worden. Hier erhielten die Toten – vermutlich wichtige Persönlichkeiten der nahe gelegenen Gradina Sv. Martin – nicht nur eine würdige, sondern auch eine vielbeachtete Ruhestätte.

Insgesamt haben wir 11 Hügel gezählt. Sie sind zum Teil abgesackt. Allem Anschein nach sind sie aber unversehrt. Einige ragen bis zu 1 m hoch auf. Ihre Durchmesser schwanken zwischen 6 m und 10 m. Drei Gräber, die nur wenige Meter auseinander liegen, scheinen einen Verbund zu bilden. Es könnte eine gemeinsame Ruhestätte einer Sippe sein.

Tumulus über dem Lim-Tal (29)

Je höher der Rang des Verstorbenen war, desto spektakulärer mußte der Platz seiner Begräbnisstätte sein. So dürfte es sich um eine sehr angesehene Persönlichkeit gehandelt haben, für die man in der Bronzezeit den Steinhügel hoch über dem Lim-Tal errichtet hat. Der so aufwendig Bestattete könnte ein Mitglied der Elite einer der beiden ganz in der Nähe gelegenen Bergsiedlungen Parentin oder Dvigrad gewesen sein. Dafür sprechen neben der Lage vor allem die Größe des Grabes und die Position oberhalb der alten Route durch das Draga, wo jeder Vorbeikommende dem Toten die nötige Referenz erweisen mußte. Der Tumulus wurde auf einem vermutlich künstlich geebneten Felsvorsprung, der steil zum Tal abfällt, aufgeschüttet. Ein Teil des Plateaus ist im Laufe der Jahrtausende abgestürzt, so daß sich die ursprüngliche Form stark verändert hat.

Tumulus über dem Lim-Tal

Muvica (30)

Der Muvica liegt in etwa gleich weit vom Mrvasin und vom Šimetov vrh entfernt und könnte beiden Bergsiedlungen als Nekropole gedient haben. Wie viele Grabhügel es heute noch auf der Anhöhe gibt, läßt sich im dichten Unterholz nicht mehr feststellen. Das zentrale, auf dem höchsten Punkt des Areals bestehende Grab ist noch gut erhalten. Der Tumulus hat einen Durchmesser von ca. 15 m. Er ragt knapp 1 m hoch auf. Die hervorgehobene Lage dürfte auf die gesellschaftliche Stellung des Toten hinweisen. Von den in unmittelbarer Nachbarschaft gelegenen beiden anderen Grabstätten blieb nur sehr wenig übrig. Sie sind stark abgeflacht und präsentieren sich heute als Steinkreise.

Mali Krapanj (31)

Weithin sichtbar war einst der Tumulus auf dem Mali Krapanj. Er ragt immer noch fast 2 m hoch auf und hat einen Durchmesser von

Tumulus Mali Krapanj

etwa 15 m. Weitere, heute kaum noch zu identifizierende Grabhügel sind ein Hinweis darauf, daß auch auf diesem Berg einmal eine Totenstadt existiert hat.

Der Mali Krapanj erstreckt sich auf halbem Weg zwischen den Kastellieren Mrvasin und Šimetov vrh. So ist es sehr schwer zu ergründen, wer hier seine tote Elite bestattet hat.

Glavice (32)

Auf dem Glavice, einem langgestreckten, ca. 800 m westlich vom Mrvasin gelegenen Höhenzug, konnten wir ebenfalls einen Tumulus lokalisieren. Seine heutige Höhe beträgt nur noch knapp 1 m, sein Durchmesser ca. 8 m. Auch hier gibt es diverse runde Steinansamm-

Tumulus auf dem Glavice

lungen, die auf ein Gräberfeld hinweisen, das wohl ebenfalls für Bestattungen priviligierter Gruppen des Mrvasin angelegt wurde.

Žamnjak (33)

Der 1991 verstorbene Boris Baćić zählt zu den bekanntesten, vor allem aber zu den aktivsten istrischen Archäologen. Er war – meist zu Fuß – auf der Halbinsel unterwegs und hat zahlreiche, bis dahin unbekannte prähistorische Plätze entdeckt. Auf dem Žamnjak legte er in den 50er Jahren des 20. Jh.s ein bronzezeitliches Tumulusgrab frei. Die noch unversehrte Steinkiste barg neben Gebeinen und Keramik auch wertvolle Beigaben. Zu den Objekten, die dem Toten auf seinem Weg ins Jenseits begleiten sollten, zählten viele Schmuckgegenstände. Auch eine Kette mit einer Perle aus Bernstein gehörte dazu.

Mit ins Grab gelegt: eine Kette mit einer Bernsteinperle

Bernstein, ein leicht zu bearbeitendes fossiles Harz, war schon im Neolithikum für die Schmuckherstellung sehr beliebt. In der Bronzezeit war die Ostseeküste zwischen Danzig und Dänemark der größte Lieferant. Hier wurde er durch Graben im Erdreich gewonnen oder nach Stürmen am Strand aufgesammelt.

Der freigelegte Tumulus auf dem Žamnjak

In der Bronzezeit wurde der auch wegen seiner ihm zugeschriebenen magischen Wirkung sehr begehrte Rohstoff – vermutlich in mehreren Etappen - zur Nordadria und per Schiff weiter nach Süden gebracht. Befestigte Großsiedlungen dienten dabei als Umschlagplätze. Welche Gebiete die damaligen Handelsnetze umspannt haben, zeigen die Funde in Griechenland, Ägypten, Qatna im heutigen Syrien und in Troja. Aufgrund seiner strategischen Lage war Istrien in dieses Transportgeflecht eingebunden. Davon müssen auch die Eliten der Kastelliere im Gebiet von Kanfanar profitiert haben. Wie könnte es sonst sein, daß Bernstein als Grabbeigabe verwendet und auf dem Maklavun ein Kuppelgrab nach mykenischem Vorbild errichtet wurde. Bis heute gibt es auf der ganzen Halbinsel nur sehr wenige Nekropolen, wo Bernstein in Gräbern nachgewiesen werden konnte.

Auf der künstlich geebneten, heute von einem dichten Macchia-Gestrüpp überzogenen Hochfläche stößt man auf zwei Begräbnisstätten. Im Zentrum befindet sich der von Bаćić freigelegte Tumulus. Übriggeblieben ist nur die etwa 1,50 x 0,70 m große Steinkiste. Auch die ungefähr 1,60 x 0,95 m große Platte, die die Ruhestätte einmal bedeckt hat, ist noch vorhanden. Der zweite Grabhügel hat einen Durchmesser von ca. 12 m und ragt ca. 1,50 m hoch auf.

Mali Žamnjak (34)

Der Mali Žamnjak ragt nur knapp 500 m westlich des Mrvasin auf. So liegt der Gedanke nahe, daß auch dieser Berg von der Elite dieses

Grabhügel auf dem Mali Žamnjak

Kastellieres als Begräbnisplatz ausgewählt wurde. Gut zu sehen ist allerdings nur noch ein Tumulus. Er ist ca. 1 m hoch und hat einen Durchmesser von ungefähr 10 m. Von den anderen Grabhügeln zeugen nur noch flache Steinkreise.

Monmarin (35)

Am südlichen Abhang des Monmarin befindet sich ein geheimnisvoller Schacht. Er führt nahezu 10 m senkrecht in die Tiefe und mündet in einer Höhle. Er könnte den Bewohnern des unmittelbar daneben aufragenden und nur durch eine Senke getrennten Mrvasin als Wasserreservoir gedient haben. Plausibler erscheint aber der Gedanke, daß die Kaverne mit ihren künstlich geglätteten Wänden ein Platz für Opferdeponierungen - für Gaben an die Götter – war.

Mehrere, zum Teil kaum noch wahrnehmbare Steinansammlungen auf dem Plateau der Anhöhe weisen auf eine bronzezeitliche Nekro-

Tumulus auf dem Monmarin

pole hin. Nur ein Tumulus mit einem Durchmesser von ca. 12 m ragt noch gut 1 m hoch auf. Auch hier könnten die Bewohner des Mrvasin wichtige Persönlichkeiten und deren Familienangehörige würdig und weithin sichtbar unter einem Grabhügel beigesetzt haben.

Marin (36)

Ungefähr 1 km nördlich vom Kastelliere Mrvasin erhebt sich auf einer ebenen Fläche, die Marin genannt wird, ein imposanter Grabhügel. Es kann kein Zweifel daran bestehen, daß es wiederum die Gemeinschaft dieser Bergsiedlung war, die hier einen einflußreichen Vertreter ihrer Oberschicht zur letzten Ruhe gebettet hat.

Der Tumulus ist noch gut 2 m hoch. Sein Durchmesser beträgt ca. 16 m. Obwohl er mit Bäumen und Gebüsch bewachsen ist und von einer

Der Grabhügel Marin

66

modernen Mauer geteilt wird, die wohl aus wiederverwendeten Steinen des Grabmals errichtet wurde, ist er relativ gut erhalten.

Gušovac (37)

Östlich von Šorići, auf einem Plateau, das die Einheimischen Gušovac nennen, befinden sich mehrere, inzwischen arg verebnete und mit Gras bewachsene Tumuli mit sehr unterschiedlichen Durchmessern. Die meisten ragen nur noch knapp 1 m hoch auf.

Ihre Nähe zum Kastelliere auf dem Mrvasin deutet darauf hin, daß auch unter diesen Grabhügeln bedeutende Mitglieder dieser Bergsiedlung begraben worden sind.

Mamu (38)

Ein besonders großer und gut erhaltener Tumulus mit einem Durchmesser von fast 15 m und einer Höhe von ca. 3 m versteckt sich in

Tumulus auf dem Mamu

einem Waldgebiet unterhalb vom Mamu. Auch auf dem Berg gibt es zwei Steinkegel. Der kleinere ist etwa 1,30 m hoch und hat einen Durchmesser von ca. 12 m. Der größere hat eine Höhe von gut 2 m. Sein Durchmesser beträgt mehr als 15 m.

Die unmittelbare Nähe der Grabstellen zum stattlichen Kastelliere auf dem Mrvasin läßt vermuten, daß es die Bewohner dieser Siedlung waren, die hier verstorbene Mitglieder ihrer Oberschicht würdevoll beigesetzt haben.

Križnjak (39)

Das Gräberfeld auf dem Križnjak läßt sich wohl nur dem großen Kastelliere Marozula zuweisen, der sich knapp 2 km westlich von hier ausgebreitet hat. Es dürfte die Elite dieser Bergsiedlung gewesen sein, die in der Bronzezeit ihre verstorbenen Angehörigen auf bzw. am Fuß dieser Anhöhe angemessen zur letzten Ruhe gebettet hat.

Als im vorigen Jahrhundert eine Schneise über den Berg geschlagen wurde, um Masten für eine Stromleitung zu setzen, wurden Teile der Nekropole in Mitleidenschaft gezogen. Ein Tumulus ist derart auseinandergerutscht, daß sich seine ursprüngliche Form stark verändert hat. Er zeichnet sich jetzt nur noch als unscheinbare, von Steinen durchsetzte Erhebung im Grasboden ab. Die Höhe der Steinaufschüttungen von zwei weiteren Bestattungsplätzen liegt nur noch bei gut 1 m. Ihre Durchmesser betragen ungefähr 10 m bzw. 12 m. Von einer anderen Grablegung zeugt nur noch ein Geröllfeld. Drei weitere Hügel sind inzwischen völlig verebnet und kaum noch wahrnehmbar.

Ein Tumulus wurde am Abhang des Križnjak aufgeführt. Er ragt noch ca. 2,50 m hoch auf und hat einen Durchmesser von ungefähr 16 m. Die in der Mitte gelegene Steinkiste wurde – vermutlich von Grabräubern – geöffnet. Über Funde ist nichts bekannt geworden.

Die geöffnete Grabkiste im Tumulus am Fuß des Križnjak

Sv. Sikst (40)

In der Bronzezeit begrub die Siedlungsgemeinschaft ihre wichtigen Führer je nach ihrer Bedeutung zu Lebzeiten in unterschiedlich gro-ßen Tumuli. Nach den Ausmaßen und der Lage des Grabmonuments bei der Kirche Sv. Sikst muß es sich bei dem hier Bestatteten um eine herausragende Persönlichkeit gehandelt haben. Vermutlich war er ein Mitglied des auf dem Kastelliere Zad Glavice herrschenden Clans. Der Platz auf einem markanten Geländepunkt oberhalb des durch das Limska Draga führenden Verkehrsweges war mit Umsicht gewählt. Hier erhielt der Tote nicht nur eine würdige, sondern auch eine viel beachtete Begräbnisstätte. Möglicherweise war der Grabbau auch als Markierung gedacht, um das Einflußgebiet der Siedlung sichtbar zu machen. Die Abmessungen des Hügels – er hat eine Höhe von etwa 3 m und einen Durchmesser von ungefähr 20 m – sind beeindruckend.

Unweit südwestlich, beim Gotteshaus, wurde ein Friedhof angelegt. So schließt sich der Kreis: nach mehr als 3000 Jahren werden wieder Verstorbene auf diesem Platz zu Grabe getragen.

Der Tumulus Sv. Sikst

Sonstige Fundplätze

Mukliz (41)

Zu den Fundplätzen, die sich nicht eindeutig zuordnen lassen, zählt der Mukliz. Auch hier wurde die Bergkuppe abgetragen und ein großes Plateau geschaffen. Das dabei gewonnene Steinmaterial hat man dafür verwendet, um die Hochfläche mit einer Mauer zu umgeben,

Prähistorischer *Mauerabschnitt auf dem Mukliz*

die man noch gut verfolgen kann. Der in der typischen Zweischalentechnik errichtete Wall ist ca. 2 m breit und an manchen Stellen mehr als 2 m hoch. Wenn man die Vielzahl der abgerutschten großen Steinblöcke in Betracht zieht, gibt es keinen Zweifel daran, daß die Umfriedung ursprünglich weitaus höher war. Das noch deutlich er-

71

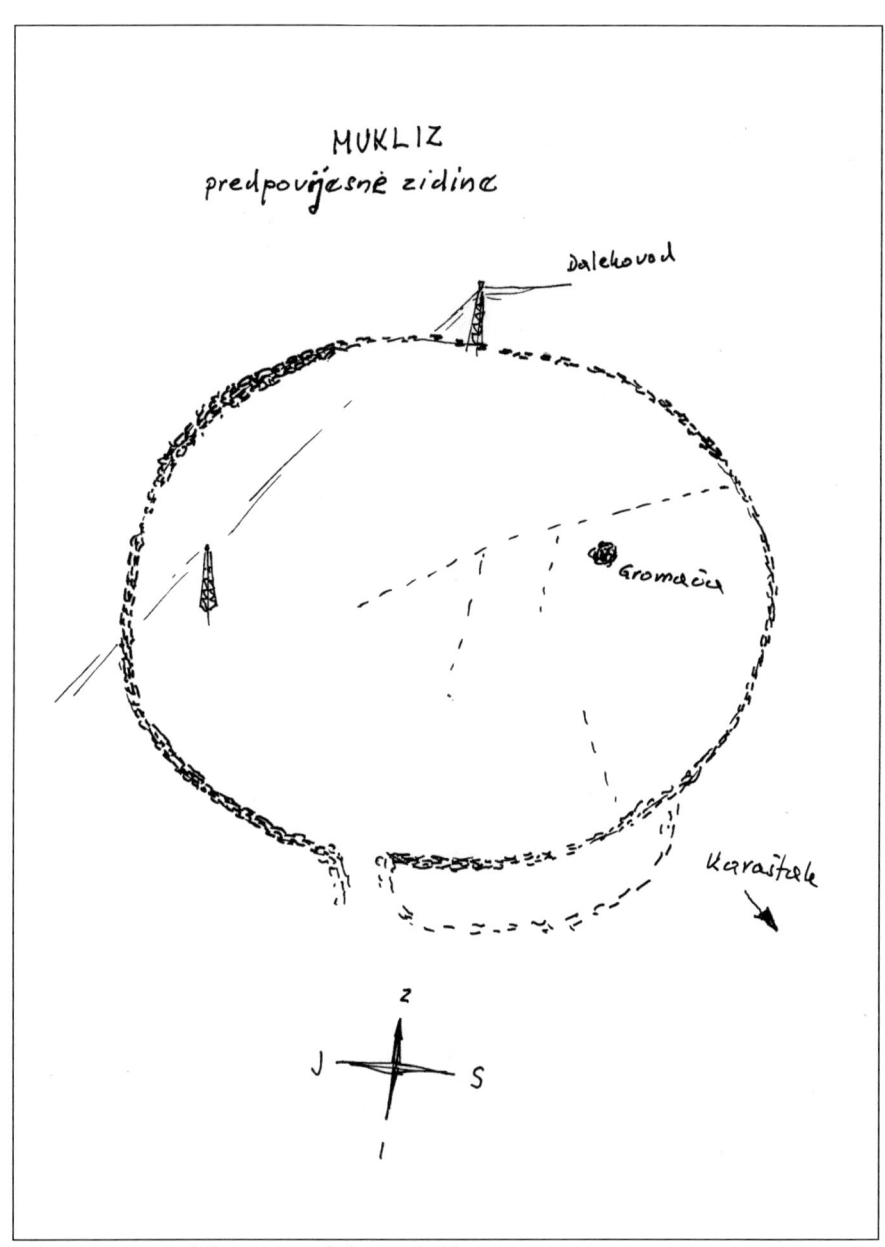

Plan des Fundplatzes auf dem Mukliz

kennbare Tor lag im Osten, wo die Umwehrung in einen nach außen führenden Gang mündet. Hier beginnt auch ein zweiter Mauerabschnitt, der zusammen mit der Einfriedung eine Art Zwinger bildet.

Außerdem befinden sich auf dem Plateau zwei flache Steinansammlungen. In ihrer Form erinnern sie an auseinandergerutschte Grabhügel. Über den Sinn und Zweck der Fundstätte kann man nur rätseln. Hinweise darüber, was sich einst hier wirklich abgespielt hat, fehlen. Eine eindeutige Antwort gibt es – noch - nicht.

Für einen Bestattungsort ist die Anlage zu aufwendig gestaltet, und man findet in ganz Istrien auch keine Parallelen dazu. Eine befestigte Wohnstätte kann man ebenfalls ausschließen. Wir konnten auf dem gesamten Areal keinerlei Keramikbruchstücke entdecken, die bei einer profanen Nutzungsdauer über mehrere Jahrhunderte hinweg noch heute vorhanden sein müßten.

Möglich wäre eine Deutung als religiöses Zentrum, als Opfer- oder Kultplatz. Die kreisförmige Schutzmauer könnte darauf hinweisen, daß hier die Sonne als Spenderin des Lebens in einer Art Tempel unter freiem Himmel verehrt wurde. Vielleicht haben sich die Menschen an bestimmten Terminen noch vor Tagesanbruch in mystischer Dunkelheit auf dem Plateau versammelt, um beim Anblick der ersten Strahlen der aufgehenden Sonne Gebete zu verrichten und Opfer darzubringen. Für einen Sonnenkult spricht auch die Torgasse im Osten. Bei einer so aufwendigen Anlage haben die Erbauer die Ausrichtung des Zugangs sicher nicht dem Zufall überlassen.

Fundplatz zwischen Parentin und Dvigrad (42)

Auch der Fundplatz zwischen den Kastellieren Parentin und Dvigrad gibt Rätsel auf. Bei einer Geländebegehung im Herbst 2005 haben wir in der Niederung unterhalb der beiden Anhöhen in einem Acker

Platz der Keramikfunde unterhalb vom Dvigrad

erste kleine prähistorische Tonfragmente gefunden. Bei einem weiteren Besuch als das Areal gerade frisch gepflügt war, stellten wir fest, daß praktisch auf dem gesamten Feld Keramikscherben oberflächlich verstreut herumliegen.

Die Frage nach der Bedeutung dieser Fundstelle läßt sich nicht eindeutig beantworten. Die auf der gesamten Fläche nahezu gleichmäßig verteilten Gefäßreste könnten auf eine große eisenzeitliche Nekropole hinweisen. Eine ähnliche Totenstadt mit überaus reichen Funden wurde bereits im 19. Jh. am Fuß der drei Picugi Hügel ausgegraben.

Es könnte aber auch sein, daß sich auf diesem Gelände einst eine unbefestigte Außensiedlung – eine Art Vorstadt – der beiden Bergfestungen Parentin und Dvigrad erstreckt hat. Vielleicht war es eine Umladestation für den Weitertransport der Waren ins Landesinnere, vielleicht ein Handels- oder Stapelplatz für die Güter der durch das Tal reisenden Händler, die hier im Schutz der Kastelliere ihre Waren feilgeboten haben.

Ganz sicher wäre es für einen Archäologen eine interessante Aufgabe, hier genauere Untersuchungen anzustellen.

Zwischen Dvigrad und dem Parentin gefundene Keramik

Verzeichnis der erwähnten Fundstellen

Glossar

Artefakt: Werkzeug aus vorgeschichtlicher Zeit, das menschliche Bearbeitung erkennen läßt

Clan: Gruppe mit besonderem Zusammenhalt

Dromos: Zugang zu einem Tumulusgrab

Feuerstein: siliciumhaltiges Gestein; in der Steinzeit ein wichtiger Rohstoff

Fibel: Gewandnadel

in situ: in ursprünglicher Lage

Kaverne: Höhle, Hohlraum

Macchia: dichtes Gestrüpp aus Sträuchern und niedrigen Bäumen

Mausoleum: prächtiger Grabbau

Monolith: großer, nicht zusammengesetzter Stein

Nekropole: Gräberfeld

Orthostat: aufrechtstehende Steinplatte

Tholos: begehbares Kuppelgrab

Tumulus: aufgeschütteter Grabhügel

Literatur

Baćić 1970
B. Baćić, Beiträge zur Kenntnis der urgeschichtlichen Burgfortifikation in Istrien, Adriatica praehistorica et antiqua (Zagreb 1970), 215-226

Buršić-Matijašić 1989-1990
K. Buršić-Matijašić, Prapovijesni jantarni nakit s područja Istre i Cresa, Histria Archaeologica 20-21 (Pula 1989 – 1990), 55 - 77

Buršić-Matijašić 1997
K. Buršić-Matijašić, Maklavun – brončanodobni tumul, Izdanja Hrvatskog arheološkog društva 18 (Zagreb, 1997), 21 - 38

Buršić-Matijašić 2003
K. Buršić-Matijašić, Rano naseljavanje južne Istre – Pećinovac kod Okreti, Histria Antiqua 11 (PULA 2003), 55 – 73

Buršić-Matijašić 2007
K. Buršić-Matijašić, Gradine Istre Povijest prije povijesti (Pula 2007)

Hänsel/Teržan 2000
B. Hänsel/B. Teržan, Ein bronzezeitliches Kuppelgrab außerhalb der mykenischen Welt im Norden der Adria, Prähistorische Zeitschrift 75. Band (Berlin – New York 2000), 161 – 183

Kaspar 2005
H.-D. Kaspar/E. Kaspar, Istrien Eine archäologische Entdeckungsreise (Schonungen 2005)

Marchesetti 1903
C. Marchesetti, I castellieri preistorici di Trieste e della regione
Giulia (Trieste 1903)

Mihovilić 1972
K. Mihovilić, Nekropola Gradine iznad Limskog kanala, Histria
Arch. 3/2 (Pula 1972)

Mihovilić 1988
K. Mihovilić, Histri i Etruščani, Monografije i katalozi Arheološki
muzej Istre 5 (Pula 1988)

Abbildungsnachweis

Archäologisches Museum, Pula: 12, 17, 20 links, 21, 36, 62

Lorenz Breier, Schweinfurt: 14

Freie Universität Berlin, Institut für prähistorische Archäologie,
Berlin: Titelbild, 51

Bärbel Wenzelburger, Stuttgart: 16, 22, 24, 57

Nach: Rovinj vor den Römern (Kiel 2006): 11, 49, 52 links

Lankarten: Mateus, Funtana

Alle übrigen Zeichnungen und Pläne stammen von Anton Meden,
Kanfanar, die übrigen Fotos von den Autoren